© 2020 Kids & Concepts GmbH • Senefelderstr. 22 • D-70176 Stuttgart

© Derib + Job – Le Lombard (Dargaud-Lombard S.A.) 2020
Licensed by: EL Euro Lizenzen, D-80331 München

© Derib + Job – Le Lombard (Dargaud-Lombard S.A.)
Staffel 5 © 2016 - Ellipsanime Productions / Belvision / ARD & WDR / Dargaud Media / 2 Minutes
Staffel 4 © 2016 - Ellipsanime Productions / Belvision / ARD & WDR / Les Cartooneurs / 2 Minutes
Yakari TV Serie realisiert von Xavier Giacometti

Text: Carola von Kessel
Gestaltung: Studio Estinghausen
Bildnachweis Hintergrund: © Gunnar Assmy / Fotolia
Konzeption: Stefanie Kern, Kids & Concepts GmbH
Mitarbeit: Cora Friedrich, Kids & Concepts GmbH
www.friendz-verlag.de

Gedruckt in Deutschland

NACH DERIB + JOB

YAKARI

GUTE-NACHT-GESCHICHTEN

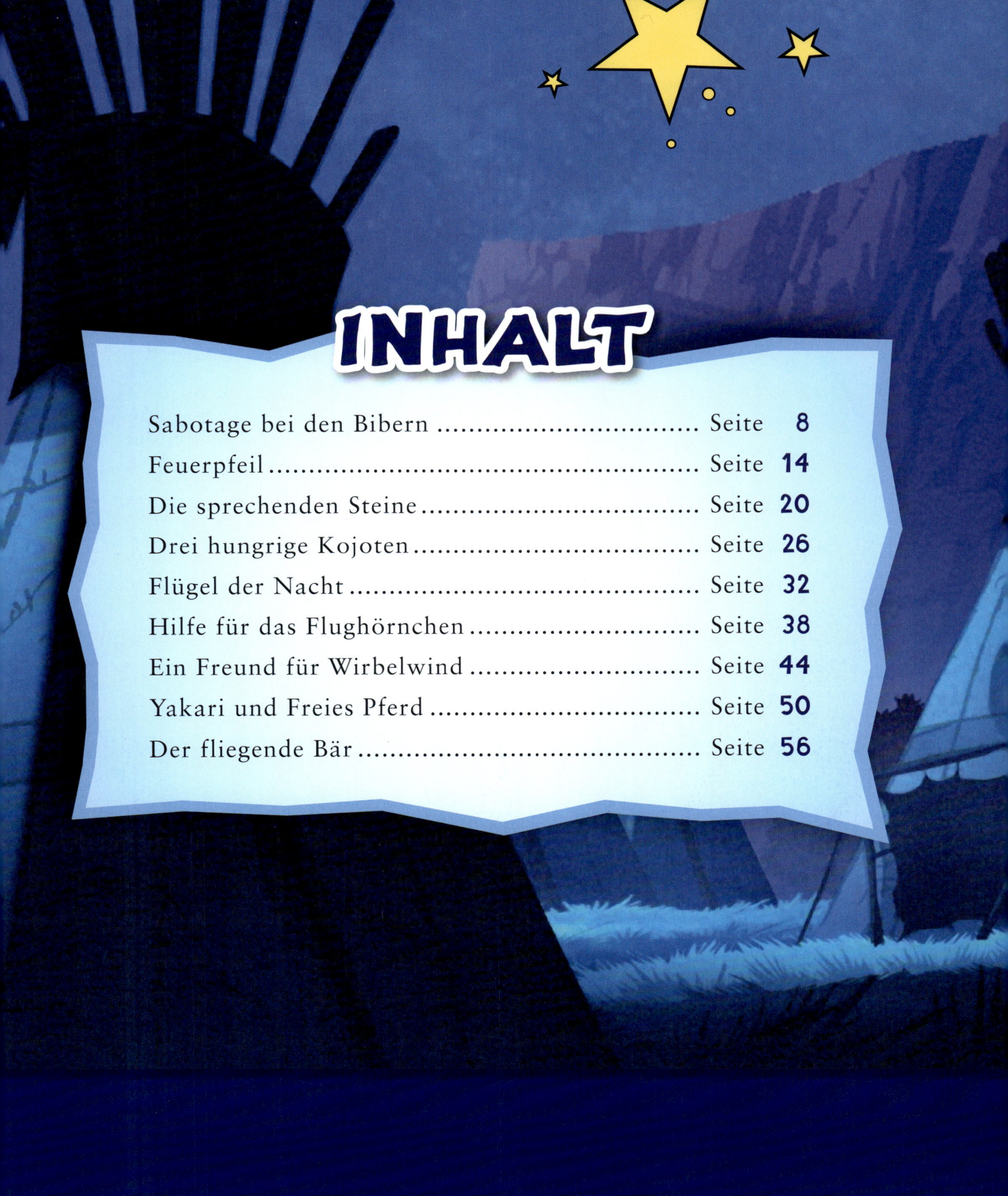

INHALT

SABOTAGE BEI DEN BIBERN

Der Indianerjunge Yakari reitet auf seinem Pony Kleiner Donner durch den Wald. In den letzten Tagen hat es kräftig geregnet, doch nun scheint die Sonne wieder.

Am Fluss sind die Biber eifrig damit beschäftigt, ihren Damm auszubessern.

„Hallo Yakari!", ruft das Bibermädchen Wilde Rose.

Wie viele Tiere in der Gegend kennt sie den Indianerjungen gut.

Yakari besitzt nämlich eine ganz besondere Gabe: Er kann die Sprachen aller Tiere sprechen und verstehen.

Yakari begrüßt die Biber und springt von Kleiner Donner.

„Kann ich euch helfen?", fragt er.

„Ja, gerne", erwidert Wilde Rose. „Wir brauchen jede Menge Holz. Das Hochwasser hat unseren Damm beschädigt. Wir müssen ihn reparieren."

Tatsächlich: Im Biberdamm klafft eine Lücke!

Mit hängendem Kopf schlurft eben eine junge Biberfrau vorbei. Sie hält nur einen kleinen Ast in der Pfote. „Hallo Zweiglein!", sagt Yakari. „Soll ich dir helfen?"

„Nein danke", murmelt Zweiglein. „Ich schaffe das schon."

„Was ist nur mit Zweiglein los?", erkundigt sich Yakari bei Wilde Rose. „Sie sieht so niedergeschlagen aus."

Wilde Rose erklärt: „Sie ist nun alt genug, um fortzuziehen. Sobald wir unseren Damm repariert haben, wird Zweiglein von uns Abschied nehmen und anderswo eine neue Familie gründen."

Plötzlich hallen die lauten Rufe ihres Anführers Tausendmäuler über den Fluss. „Nun seht euch das an!", schimpft er. „Der Abschnitt, den wir gestern abgedichtet haben, ist wieder zerstört."

Die Biber versammeln sich um die löchrige Stelle im Damm.

Yakari und Kleiner Donner schauen vom Ufer aus zu.

„Ständig bilden sich neue Löcher an den frisch ausgebesserten Stellen", seufzt Tausendmäuler. „Wenn ich nur wüsste, wer dahintersteckt! Bestimmt dieser tollpatschige Grizzlybär, der hier am Fluss immer Fische fängt."

„Oder die beiden da!", meint ein anderer Biber und deutet auf zwei Waschbären, die über einen schräg liegenden Baumstamm ins Wasser rutschen.

„He, ihr da!", ruft Tausendmäuler den Waschbären zu. „Könnt ihr nicht irgendwo anders hingehen, wo ihr nichts kaputt macht?"

„Aber wir machen nichts kaputt", gibt der Waschbär Wachsames Auge zurück.

Nun mischt sich Yakari ein. „Ohne Beweis kann niemand sagen, wer den Biberdamm beschädigt hat", sagt er. „Aber wir werden herausfinden, was passiert ist!"

Wachsames Auge hat alles mit angehört.

„Darf ich mitkommen, Yakari?", bettelt der Waschbärenjunge. „Ich möchte so gerne beweisen, dass wir unschuldig sind."

Der Biberjunge Lindenbaum ruft:

„Au ja, ich möchte auch mitgehen."

Yakari ist einverstanden.

Gemeinsam suchen die Freunde das Flussufer nach Spuren ab.

Es dauert lange, bis sie endlich die Abdrücke eines Grizzlybären entdecken. Die Spuren führen sie zu einem riesengroßen Bären.

„Ich grüße dich", sagt Yakari mutig. „Wir wollten dich fragen, ob du vielleicht aus Versehen den Biberdamm beschädigt hast."

Der Grizzly schüttelt den Kopf.

„Weshalb sollte ich so etwas Dummes tun?", meint er. „Der Damm bremst den Lauf des Wassers und dadurch kann ich viel leichter Fische fangen. Ich hoffe, der Biberdamm ist bald wieder in Ordnung."

Plötzlich rufen Lindenbaum und Wachsames Auge: „Yakari! Kleiner Donner! Wir haben etwas entdeckt."

Der kleine Sioux und sein Pony folgen den Stimmen.

Lindenbaum und Wachsames Auge stehen vor einem Holzstapel. „Das ist das Holz aus unserem Damm", erklärt Lindenbaum. „Offenbar legt der Übeltäter hier alles ab, was er aus dem Fluss zieht."
Yakari nickt. „Ja, du hast recht. Das geht aber nur, wenn alle schlafen und niemand etwas mitbekommt."

Kleiner Donner wirft einen Blick zum Fluss hinüber. „So wie jetzt", bemerkt er. Rund um den Damm sind die Biber eingeschlafen.
„Vielleicht können wir den Holzdieb auf frischer Tat ertappen?", meint Yakari.

Gesagt, getan! Die Freunde verstecken sich am Flussufer. Sie müssen nicht lange warten. Bald taucht ein Tier auf, das einen großen Haufen tropfender Äste schleppt.

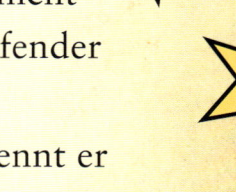

Leise kommt Yakari näher. Nun erkennt er auch, wer das Holz trägt. Es ist die Biberfrau Zweiglein!
„Hallo Zweiglein", sagt Yakari freundlich. Erschrocken zuckt die Biberfrau zusammen. „Ha... hallo Yakari", stammelt sie und lässt die Äste fallen. Zweiglein seufzt. „Ich gebe alles zu", gesteht sie dann. „Ja, ich war es, die Tag für Tag den Damm beschädigt hat."
„Aber warum denn?", möchte Yakari wissen.

Zweiglein schlägt die Augen nieder. „Ich möchte so gerne bei meiner Familie bleiben", sagt sie und deutet zum Biberbau hinüber. „Solange der Damm nicht heil ist, wird jeder von uns gebraucht und ich muss nicht fortgehen. Wenn der Damm wieder ganz dicht ist, dann heißt es für mich Abschied nehmen."

Yakari legt die Hand auf ihre Schulter. „Aber so kann es nicht weitergehen", meint er. „Der Damm erfüllt viele wichtige Aufgaben. Und wenn du ein neues Zuhause gefunden hast, kannst du deine alte Familie doch trotzdem immer wieder besuchen."

Da fällt dem Indianerjungen ein wunderschöner Flussabschnitt ein, den Kleiner Donner ihm erst heute Morgen gezeigt hat.

„Ich glaube, wir kennen einen tollen Platz für deinen neuen Damm", verkündet Yakari. „Komm, wir zeigen ihn dir!"

Kleiner Donner trägt Yakari und Zweiglein in das friedliche Flusstal. Staunend sieht sich die Biberfrau um. Das Ufer ist von flachen Steinen gesäumt und das Wasser fließt ganz ruhig dahin.

„Was für ein traumhafter Ort!", jubelt Zweiglein. „Hier ist es so schön, dass ich am liebsten schon heute umziehen würde."

Yakari lacht. „Komm, wir reiten erst einmal zurück zu den anderen Bibern und helfen ihnen, den Damm wieder aufzubauen!"

Es dauert nicht lange, bis der Biberdamm wieder ganz in Ordnung ist. Zufrieden betrachtet Tausendmäuler das Werk. Er blickt zu Yakari hinüber, der neben Zweiglein am Flussufer steht. „Ich hoffe, diesmal bleibt der Damm auch heil", seufzt Tausendmäuler.

„Ganz bestimmt", verspricht der Indianerjunge. „Es wird jetzt sicher keine Probleme mehr geben."

Yakari zwinkert Zweiglein zu.

„Vielen Dank für alles", sagt die Biberfrau zu ihm. „Ich mache mich dann mal auf den Weg in mein neues Zuhause."

Alle winken zum Abschied.

„Komm uns bald wieder besuchen!", rufen die Biber hinter Zweiglein her.

Nun brechen auch Yakari und Kleiner Donner auf.

„Ich bin so froh, dass Zweiglein jetzt keine Angst mehr vor der Zukunft hat", meint Yakari zufrieden. „Und nun komm, wir haben uns einen flotten Galopp verdient!"

Schon jagen die beiden los – dem nächsten Abenteuer entgegen!

FEUERPFEIL

Es ist ein sonniger Morgen im Indianerdorf. Yakari trifft sich mit seinen Freunden Kleiner Dachs und Regenbogen an der Pferdekoppel, denn dort ist in der Nacht ein Fohlen auf die Welt gekommen. Auf seinen langen, dünnen Beinen stakst es um seine Mutter herum.

„Oh, ist das niedlich!", ruft das Indianermädchen Regenbogen, als das fuchsrote Fohlen plötzlich mit allen vieren in die Luft springt.

„Leise, Kinder!", mahnt Yakaris Vater Kühner Blick, der dem Fohlen ebenfalls zusieht. „Es ist noch ganz neu auf unserer Erde."

„Kann ich mich vielleicht darum kümmern?", erkundigt sich Regenbogen. Kühner Blick zögert kurz, dann nickt er. Bei Regenbogen ist das Fohlen sicher in den besten Händen!

Vorsichtig geht Regenbogen auf das Fohlen zu. Das Pferdekind schnuppert neugierig an dem Indianermädchen. Bald folgt es Regenbogen mit übermütigen Sprüngen über die Koppel.

„Seht nur, wie lebhaft es ist!", ruft Regenbogen. „Wir sollten es Feuerpfeil nennen."

Dieser Name gefällt allen. Von nun an spielen Regenbogen, Yakari und Kleiner Dachs jeden Tag mit dem Fohlen.

Doch eines Tages nimmt Kühner Blick seinen Sohn zur Seite. „Bitte hängt euer Herz nicht zu sehr an Feuerpfeil!", sagt er.

„Aber warum denn nicht?", fragt Yakari. „Er wird doch bei uns aufwachsen."

Kühner Blick erwidert: „Für Feuerpfeil habe ich andere Pläne. Unser Stamm wird demnächst das Gebiet eines anderen Stammes durchqueren. Feuerpfeil ist unser Friedensgeschenk für den Häuptling dieses Stammes."

Erschrocken blickt Yakari seinen Vater an. „Aber Feuerpfeil ist noch so jung", wendet er ein. „Wir können ihn doch nicht einfach von seiner Mutter trennen."

Kühner Blick bleibt bei seiner Entscheidung. „Mach dir keine Sorgen, Yakari!", sagt er. „Ein Mustang findet sich rasch wieder zurecht. Und bei unserer Wanderung durch die Prärie gilt es vor allem, die Ehre des Stammes zu wahren."

Traurig läuft Yakari zur Pferdekoppel. Dort spielt Regenbogen gerade mit Feuerpfeil. Yakari seufzt. „Wie soll ich ihr das nur erklären?", murmelt er.

Plötzlich wiehert Kleiner Donner laut. „Was ist los?", fragt Yakari erschrocken. „Dort hinten im Gebüsch treiben sich Wölfe herum", antwortet Kleiner Donner. „Die Herde ist in Gefahr!"

Während Kleiner Donner die Herde zusammentreibt, stürzt Yakari zu seiner Freundin Regenbogen.

„Dort hinten sind Wölfe", ruft er. „Schnell, wir müssen uns in Sicherheit bringen und den Jägern Bescheid geben!"

Aber Regenbogen protestiert: „Ich kann Feuerpfeil nicht allein lassen!"

„Seine Mutter und Kleiner Donner werden ihn beschützen", beruhigt Yakari sie. Er nimmt Regenbogen an der Hand und zieht sie mit. Vor Regenbogens Tipi lässt Yakari sie los. „Warte in deinem Tipi!", sagt er. „Dort wird dir nichts passieren." Eilig rennt er weiter. Endlich entdeckt Yakari seinen Vater, der gerade seinen Mustang durch das Dorf führt. „Ein Wolfsrudel ist in der Nähe", schreit Yakari atemlos. „Schnell, Vater! Die Pferde sind in Gefahr!"

Kühner Blick handelt sofort. „Binde mein Pferd an!", bittet er und drückt Yakari den Führstrick in die Hand.

Yakaris Vater ruft die besten Jäger des Stammes zusammen. Mit Pfeil und Bogen eilen sie zur Pferdeweide.

Es dauert ein wenig, bis Yakari den Mustang seines Vaters festgebunden hat. Voller Sorge rennt der Indianerjunge dann zur Koppel.

Dort haben die Jäger ganze Arbeit geleistet. „Wir konnten die Wölfe vertreiben", berichtet Yakaris Vater.

Yakari schaut sich zwischen den Pferden um. Ein Glück, Kleiner Donner und die anderen Mustangs sind nicht verletzt. Doch plötzlich stockt Yakari der Atem. „Feuerpfeil ist verschwunden", ruft er.

Weit und breit ist keine Spur von dem Fohlen zu entdecken.

„Vielleicht haben die Wölfe das Fohlen eingekreist und weggetrieben!", vermutet Kühner Blick. „Aber wir können auf keinen Fall die Verfolgung aufnehmen. Denn die Wölfe werden wahrscheinlich zurückkehren. Am wichtigsten ist es jetzt, unser Dorf zu verteidigen."

Während sich die Jäger rund um das Dorf aufstellen, seufzt Kleiner Donner.

„Es tut mir leid, dass ich das Fohlen nicht beschützen konnte", sagt er. „Ich war völlig damit beschäftigt, den Leitwolf abzuwehren." Yakari blickt sein Pony an. „Bestimmt braucht Feuerpfeil unsere Hilfe", meint er. „Los, wir suchen die Fährte der Wölfe!"

Mutig machen sich die beiden auf den Weg in den Wald. Doch statt des Fohlens treffen sie dort einen großen Wolf. Er jault leise und leckt sich die Vorderpfote. „Oh nein!", ruft Kleiner Donner. „Das ist der Leitwolf, den ich verjagt habe." Yakari springt vom Pferd und geht auf den Wolf zu. „Bist du verletzt?", fragt er. Der Wolf knurrt und versucht wegzulaufen. Mühsam humpelt er auf drei Beinen. „Zeig mir die Pfote, Großer Wolf!", bittet Yakari. „Vielleicht kann ich dir helfen!" Zögernd bleibt der Leitwolf stehen, sodass Yakari das verletzte Bein vorsichtig abtasten kann.

„Die Pfote ist nicht gebrochen", stellt Yakari fest. „Warte, ich bin gleich wieder da!"

Kurz darauf kehrt der Junge zurück und legt dem Wolf einen Verband mit roter Erde an. „Die rote Erde wird deine Schmerzen lindern", meint Yakari. „Weißt du, wo dein Rudel ist? Und habt ihr unser Fohlen fortgetrieben?" Der Leitwolf antwortet: „Mein Rudel trifft sich am Schwarzen Felsen. Aber euer Fohlen habe ich nicht gesehen."

„Danke, Großer Wolf! Deiner Pfote geht es bestimmt schnell besser", verspricht Yakari.

Bald finden Yakari und Kleiner Donner das Wolfsrudel am Schwarzen Felsen. Aber die Wölfe sind hungrig und umzingeln sie.
Da taucht plötzlich Großer Wolf auf. „Lasst den Jungen und das Pony in Ruhe!", ruft er. „Sie haben mir geholfen. Und nun sagt mir: Hat einer von euch ein Fohlen gesehen oder ihm etwas angetan?"
Die Wölfe schütteln den Kopf.

„Mein Rudel weiß nichts von dem Fohlen", sagt der Leitwolf zu Yakari. „Aber du kannst sicher sein, dass wir deinen Stamm nicht noch einmal angreifen werden. Ich bin dir für immer zu Dank verpflichtet."

Yakari und Kleiner Donner machen sich auf den Heimweg.
„Ich bin froh, dass wir nun Ruhe vor den Wölfen haben", meint Yakari erleichtert.
„Aber Feuerpfeil ist und bleibt verschwunden."
Da kommt ihnen plötzlich das Fohlen entgegen.
„Feuerpfeil, da bist du ja!", freut sich Yakari. „Schön, dass es dir gut geht!"
Hinter Feuerpfeil tauchen Regenbogen und Kühner Blick auf. „Wir sind euch entgegengeritten", erklären sie.
„Aber wo war Feuerpfeil die ganze Zeit?", fragt Yakari.
Regenbogen lacht. „In meinem Tipi", erzählt sie. „Als die Wölfe kamen, bin ich schnell noch einmal zur Koppel gerannt und habe Feuerpfeil zu mir geholt."
Nun berichtet Yakari, was Kleiner Donner und er mit den Wölfen erlebt haben.
Als Kühner Blick das hört, trifft er eine Entscheidung.
„Du hast für Feuerpfeil viel auf dich genommen", sagt er zu Yakari. „Wenn dir so viel an ihm liegt, werden wir ihn doch behalten. Ich werde dem Häuptling des fremden Stammes stattdessen mein neues Pferd schenken."
„Vielen Dank!" Yakari, Regenbogen und Kleiner Donner sind überglücklich.
Feuerpfeil darf für immer bei ihnen bleiben!

DIE SPRECHENDEN STEINE

Was ist nur mit Yakaris Freund Kleiner Dachs los? Schon früh am Morgen läuft er rastlos durchs Indianerdorf.

„Guten Morgen!", ruft Yakari. „Hast du Lust auf einen Ausritt?"

Kleiner Dachs winkt ab. „Ich bin viel zu müde", sagt er. „In den letzten Nächten habe ich kaum geschlafen, weil mich ständig der gleiche Traum geweckt hat."

„Erzähl schon!", bittet Yakari.

Kleiner Dachs berichtet: „Im Traum erscheint mir andauernd mein Opa. Er sagt, dass er an einem besonderen Ort etwas sehr Wertvolles für mich hinterlassen hat. Aber ich habe keine Ahnung, wovon er spricht und wo ich danach suchen soll."

„Ist das wirklich alles, was dein Opa im Traum gesagt hat?", fragt Yakari.

Kleiner Dachs meint: „Er hat noch davon gesprochen, dass mir das Büffelhorn und die sprechenden Steine helfen werden, den verborgenen Gegenstand zu finden. Ach ja!", fällt ihm noch ein. „Und dass ich eines Tages ein großer, weiser Jäger werde."

Yakari hat eine Idee. „Lass uns zu Stiller Fels gehen!",
schlägt er vor. „Bestimmt kann er uns helfen."
Der Stammesälteste Stiller Fels hört ganz aufmerksam zu, als Kleiner Dachs von seinen
Träumen berichtet.

„Wie du weißt, nehmen wir Sioux jeden Traum
ernst", beginnt er. „Mit dem Büffelhorn meint
dein Großvater sicher den Felsvorsprung an der
großen Steinwand, vor der sich die Bisons jedes
Jahr versammeln. Dieser mächtige Felsen wird von
alters her als Büffelhorn bezeichnet."

„Ich kenne diesen Ort!", ruft Yakari. „Komm mit, Kleiner
Dachs, lass uns am besten gleich hinreiten!"
Die Indianerjungen bedanken sich bei Stiller Fels.
Dann schwingen sie sich auf ihre Ponys und
los geht es in Richtung der Felswand.
Es dauert nicht lange, bis sie eine ausgedehnte
Hochebene erreichen. Vor ihnen grast eine
Bisonherde. Die Tiere sind riesengroß.
„Dieser Felsen ist das Büffelhorn!", erklärt
Yakari und deutet auf einen Felsen, der die
Form eines Horns hat.
Kleiner Dachs lässt seinen Blick über die Ebene
schweifen. „Um dorthin zu kommen, müssen wir
mitten durch die Bisonherde reiten", stellt er fest.
Schon jagt er mit seinem Mustang los. „Wer zuerst am Büffelhorn ist!", ruft er über
seine Schulter zurück.
„Lass das lieber, Kleiner Dachs!", warnt ihn Yakari. „Oder willst du etwa die Bisons
erschrecken?"

Oje, Kleiner Dachs hört nicht auf ihn! Er steuert sein Pony geradewegs auf die Herde zu. Als die Bisons ihn bemerken, drängen sie sich dicht aneinander und versperren ihm den Weg. Da bekommt sein Pony Angst. Schon bäumt es sich auf und Kleiner Dachs fällt prompt herunter.

Yakari ist seinem Freund langsam gefolgt. Zum Glück ist Kleiner Dachs nicht verletzt und rappelt sich gleich wieder auf.

„Wir kommen in Frieden", sagt Yakari zu den Bisons. „Dürfen wir euer Gebiet durchqueren?"

„Du sprichst unsere Sprache und du bittest uns um Erlaubnis?", wundert sich der Anführer der Bisons. „Wenn das so ist, lassen wir euch gerne durch."

Kleiner Dachs traut seinen Augen kaum, als die Bisons plötzlich freiwillig zurückweichen. Sie bilden eine Gasse, sodass die Freunde ganz einfach mitten durch die Herde reiten können.

„Ich glaube, ich muss lernen, die Dinge etwas ruhiger anzugehen", seufzt Kleiner Dachs.

Bald stehen die Freunde vor dem Büffelhorn. Während die Ponys um die Felswand herumlaufen, klettern Kleiner Dachs und Yakari an den Steinen hoch.

Plötzlich huscht dicht vor Yakari ein Streifenhörnchen aus einer Felsnische. Vor Schreck verliert der Indianerjunge beinahe den Halt. In letzter Sekunde kann er sich an einem steinernen Vorsprung festklammern.

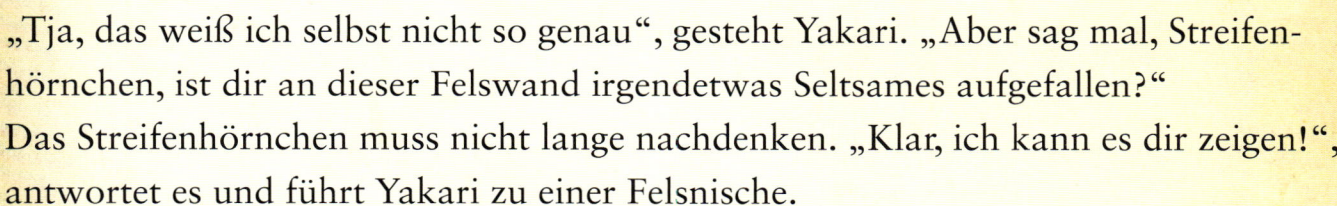

„Puh, hast du mir einen Riesenschreck eingejagt!", stöhnt Yakari.

„Nanu?" Das Streifenhörnchen kommt neugierig näher. „Du sprichst ja meine Sprache. Was suchst du denn hier, kleiner Mensch?"

„Tja, das weiß ich selbst nicht so genau", gesteht Yakari. „Aber sag mal, Streifenhörnchen, ist dir an dieser Felswand irgendetwas Seltsames aufgefallen?"

Das Streifenhörnchen muss nicht lange nachdenken. „Klar, ich kann es dir zeigen!", antwortet es und führt Yakari zu einer Felsnische.

Als Yakari hineinblickt, entdeckt er zwischen den Steinen ein kleines Säckchen. „Vielen Dank", sagt er zu dem Streifenhörnchen und zieht das Säckchen heraus.

Bald treffen sich die Jungen und ihre Ponys oberhalb des Büffelhorns wieder. Kleiner Dachs staunt nicht schlecht, als Yakari ihm das Säckchen zeigt.

Darin stecken mehrere Steine mit eingeritzten Bildern.

„Das sind sicher die sprechenden Steine, von denen mein Opa erzählt hat", überlegt Kleiner Dachs. Ratlos betrachtet er den Fund.

„Vielleicht weiß Stiller Fels mehr darüber!", meint Yakari.

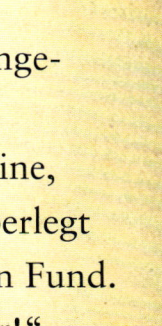

Zurück im Dorf zeigen sie dem Stammesältesten die Steine.
Flink fügt er sie aneinander, sodass sie ein Bild ergeben.
„Die Steine enthalten eine Botschaft deines Großvaters",
stellt er fest. „Er hat dir etwas hinterlassen und es wohl
sicher versteckt."

„Aber ich verstehe immer noch nicht, wo dieses Versteck
liegt", seufzt Kleiner Dachs. „Hier fehlt ja noch ein Stein."

Yakari deutet auf den steinernen Anhänger, den Kleiner
Dachs um den Hals trägt.
„Ich glaube, das ist der
fehlende Stein!"

„Der Anhänger?", meint
Kleiner Dachs. „Den haben
meine Eltern mir geschenkt,
als ich ganz klein war."

Yakari hat recht: Der Anhänger passt genau in die Lücke und als Stiller Fels
mit einem dunklen Stein darüberreibt, erscheint ein Eichenblatt.

„Diese Zeichnung ist ein Symbol für die Eiche der Vorfahren", sagt Stiller Fels.
Die Jungen kennen diesen Baum. Er liegt weit vom Indianerdorf entfernt.

„Dort hat mein Opa etwas für mich versteckt?", ruft Kleiner Dachs aufgeregt.
„Begleitest du mich, Yakari?"

„Aber natürlich", versichert sein Freund.

Stiller Fels warnt die Jungen: „Passt gut auf, der Weg ist nicht ungefährlich!"

„Wir werden sehr vorsichtig sein", verspricht Kleiner Dachs.

Stiller Fels lächelt. „Anscheinend wirken die Steine schon. Du kommst mir viel
besonnener vor als sonst, Kleiner Dachs!"

Tatsächlich ist Yakaris Freund auf dem Weg zu der Eiche viel ruhiger als sonst
und überlegt erst, statt einfach draufloszustürmen.

„Wenn du so weitermachst, bist du wirklich bald ein weiser Jäger", lacht Yakari. Endlich erreichen sie die mächtige, alte Eiche. Dort müssen sie eine ganze Weile suchen, bis Kleiner Dachs auf die Dinge stößt, die sein Großvater hier vergraben hat. Es handelt sich um einen kunstvoll verzierten Bogen mit einigen Pfeilen.

Andächtig betrachtet Kleiner Dachs den Fund.

„Das ist der Bogen deines Großvaters", stellt Yakari fest. „Er war einer der größten Jäger unseres Stammes."

Kleiner Dachs verkündet: „Ich weiß nicht, ob der Bogen einen großen Jäger aus mir macht. Aber ich werde ihn auf jeden Fall in Ehren halten."

Er strafft seine Schultern und spannt den Bogen.

Atemlos sieht Yakari zu, wie Kleiner Dachs auf ein Astloch zielt und einen Pfeil durch die Luft schwirren lässt. Zack! Der Pfeil landet genau in der Mitte.

„Juhu!", jubelt Kleiner Dachs. Dann wendet er sich an Yakari.

„Vielen Dank, dass du mit mir gesucht hast", sagt er.

„Das habe ich gern getan", versichert Yakari. Echte Freunde halten eben immer zusammen!

DREI HUNGRIGE KOJOTEN

„Hallo Kleiner Donner!", ruft Yakari. „Hast du Lust auf einen Ausritt?"

„Und ob!" Kleiner Donner nickt übermütig.

Das Fohlen Feuerpfeil sagt: „Ich möchte auch einmal etwas Aufregendes erleben."

„Wir können dich mitnehmen", bietet Yakari an. „Aber vorher müssen wir deine Mutter fragen."

Feuerpfeils Mutter ist einverstanden.

„Juhu, ich darf mitkommen!" Ausgelassen tobt Feuerpfeil über die Weide. Kurz darauf brechen Yakari, Kleiner Donner und das Fohlen auf. Anfangs bleibt Feuerpfeil noch dicht bei Kleiner Donner, doch allmählich wird er immer mutiger.

Was es hier in der Natur alles zu sehen gibt! Staunend betrachtet das Fohlen stachelige Kakteen, hohe Bäume und riesige Bisons.

Vor einem tiefen Abgrund bleiben die Freunde stehen. Von hier aus hat man einen weiten Blick übers Land.

Kleiner Donner sagt: „Hör gut zu, Feuerpfeil! Siehst du den großen Felsen da drüben? Dort treffen sich die Mustangs, wenn ihnen Gefahr droht."

Feuerpfeil blickt kurz zu dem Felsen hinüber. Da fliegt die Elster Schwatzschnabel vorbei und Feuerpfeil jagt ihr übermütig nach.

„Oje!", seufzt Kleiner Donner. „Ich glaube, Feuerpfeil hat gar nichts mitbekommen."

„Los, schnell hinterher!", ruft Yakari.

Bald haben die Freunde das Fohlen eingeholt. Gemeinsam traben sie durch eine zerklüftete Felslandschaft.

Feuerpfeil blickt schaudernd in eine tiefe Schlucht hinunter. Ein Baumstamm führt wie eine schmale Brücke über den Abgrund.

„Pass gut auf!", sagt Yakari und gleitet vom Rücken seines Ponys. „Kleiner Donner zeigt dir jetzt, wie man eine Schlucht überquert. Du solltest genau zuschauen."

Kleiner Donner geht auf den Baumstamm zu und setzt ganz vorsichtig seine Hufe darauf. Schritt für Schritt balanciert er über den Stamm und erreicht sicher den gegenüberliegenden Felsen.

„Jetzt bin ich an der Reihe!", erklärt Feuerpfeil und läuft schon los. Wie Kleiner Donner setzt er genau in der Mitte des Baumstamms einen Huf vor den anderen. Doch auf halbem Weg wirft Feuerpfeil einen Blick nach unten.

„Puh!", stöhnt er. „Das ist ja wirklich sehr hoch hier."

„Nicht nach unten schauen!", ruft Yakari und folgt dem Fohlen auf den Baumstamm. „Geh einfach vorwärts, genau auf Kleiner Donner zu!"

Feuerpfeil richtet seinen Blick nach vorne und schafft nun auch die letzten Schritte. Endlich hat er wieder festen Boden unter den Hufen.

„Sehr gut, Feuerpfeil!", lobt Kleiner Donner.

Als auch Yakari bei ihnen angekommen ist, ziehen sie weiter. Doch bald entdeckt der Indianerjunge etwas, was ihm Sorgen bereitet.

„Schaut nur!", sagt er. „Auf dem Boden sind Abdrücke von Kojoten zu sehen."
Kleiner Donner meint: „Wir sollten ihnen ausweichen und ins Dorf zurückkehren."
Yakari nickt. „Das ist sicher das Beste. Die Spuren sind ganz frisch."
Die Freunde machen sich auf den Rückweg.
„Bleib immer dicht bei uns!", mahnt Kleiner
Donner das Fohlen. „Die Kojoten sind zu
Recht gefürchtete Jäger."
Da kommt ihnen auf einmal ein Puma ent-
gegen. Während Yakari mit ihm spricht,
entdeckt Feuerpfeil einen Schmetterling,
der lustig durch die Luft tanzt. Übermütig
jagt das Fohlen hinter ihm her.

Endlich bringt Yakari den Puma dazu, den Weg frei zu machen. „Wir können weiter,
Feuerpfeil", sagt Yakari über die Schulter.
Doch als der Indianerjunge sich umdreht, ist Feuerpfeil verschwunden!
„Oh nein!", erschrickt Yakari. „Wir müssen ihn schnell wiederfinden!"
Kleiner Donner nimmt die Verfolgung auf. Da versperren ihnen plötzlich drei
Kojoten den Weg.

„Verschwindet von hier!", knurren
sie böse.
„Wir gehen ja gleich", erklärt Yakari
freundlich. „Aber vorher müssen
wir unseren Freund finden, ein
junges Fohlen."
Die Augen der Kojoten leuchten
angriffslustig. „Das Fohlen gehört
jetzt uns", faucht ihr Anführer.
„Und nun verlasst unser Revier!"

Kleiner Donner flüstert: „Wir sollten so tun, als ob wir uns zurückziehen. Wenn Feuerpfeil vorhin zugehört hat, wird er zu dem großen Felsen laufen. Dort können wir ihn wiedertreffen."

„Du hast recht", erwidert Yakari leise. Laut sagt er zu den Kojoten: „Also gut, ihr habt gewonnen. Wir verschwinden!"

Zufrieden sehen die Kojoten, dass Yakari und Kleiner Donner umdrehen. Sie ahnen ja nicht, was die Freunde vorhaben.

Unterdessen ist die Elster Schwatzschnabel dem Fohlen gefolgt. „Die Kojoten sind hinter dir her!", ruft sie. „Ich kann dir ein gutes Versteck zeigen, gleich dort vorne bei dem großen Felsen."

„Beim großen Felsen?", wiederholt Feuerpfeil. „Da treffen sich die Mustangs bei Gefahr, hat Kleiner Donner gesagt!"

In der Ferne ist schon das Bellen der hungrigen Kojoten zu hören.

Die Elster führt Feuerpfeil zum großen Felsen. „Lauf schnell durch diesen Felsspalt!", erklärt sie ihm. „Von dort kommst du in einen kleinen Tunnel, der zu einem geheimen Ausgang führt."

Feuerpfeil ist gerade in dem Gang verschwunden, als die Kojoten auftauchen.

„Wo ist das Fohlen?", knurrt der Anführer und sieht sich um. Schwatzschnabel versucht, die Kojoten in die falsche Richtung zu lotsen. Doch sie wittern das Fohlen und folgen ihm. So schnell er kann, läuft Feuerpfeil davon. Hinter sich hört er das Hecheln der Kojoten. Sie kommen immer näher!

Endlich erreicht Feuerpfeil das Ende des Tunnels. Dort warten Yakari und Kleiner Donner auf ihn und auch die Elster ist inzwischen hierhingeflogen. Feuerpfeil ruft: „Die Kojoten kommen durch den Tunnel! Wir müssen sie irgendwie aufhalten!" Blitzschnell klettert Kleiner Donner die Steinwand hinauf. Mit seinen Hufen tritt

er einen großen Felshaufen los. Polternd rollen die Steine nach unten und verschließen die Tunnelöffnung.

„Geschafft!", jubelt Yakari. „Hier kommen die Kojoten nicht mehr durch."

Erleichtert machen sich die Freunde auf den Heimweg.

„Danke, Schwatzschnabel", sagt Yakari zu der hilfsbereiten Elster. „Du hast uns wirklich sehr geholfen."

„Gern geschehen!", ruft die Elster und verschwindet zwischen den Baumkronen. „Auf Wiedersehen!"

Als die Freunde wieder zu Hause sind, ist Feuerpfeil sehr müde.

„Und?", fragt seine Mutter, nachdem er von seinen Abenteuern erzählt hat.

„Möchtest du bald wieder mit Yakari und Kleiner Donner losziehen?"

Feuerpfeil kuschelt sich an sie und gähnt.

„Lieber nicht", antwortet er. „Von spannenden Abenteuern habe ich erst einmal genug." Und das können die Freunde gut verstehen!

FLÜGEL DER NACHT

Im Indianerdorf herrscht trübe Stimmung. Alle machen sich große Sorgen, weil der Stamm kaum noch Vorräte hat.

„Unsere Nahrung geht unaufhaltsam zur Neige", sagt der Schamane Der-der-alles-weiß. „Rund um unser Dorf gibt es keine Jagdbeute mehr."

Yakaris Vater, Kühner Blick, richtet sich auf. „Wir müssen woanders nach Bisons suchen!", erklärt er. „Ich wage mich ins Land der wilden Klüfte."

Auch die Jäger Stolze Wolke und Kühner Rabe stehen auf. „Wir kommen mit."

„Das Land der wilden Klüfte trägt seinen Namen zu Recht", gibt Der-der-alles-weiß zu bedenken. „Dort lauern große Gefahren."

„Wir werden achtgeben", verspricht Kühner Blick. „Lasst uns morgen früh bei Sonnenaufgang losreiten!"

Nach der Versammlung geht Yakari auf seinen Vater zu. „Kann ich euch vielleicht begleiten?", fragt er.

Doch Kühner Blick schüttelt den Kopf. „Das Land der wilden Klüfte gilt als rau und unberechenbar", sagt er. „Du bist noch zu jung, um dorthin zu reiten. Und nun Gute Nacht, Yakari!"

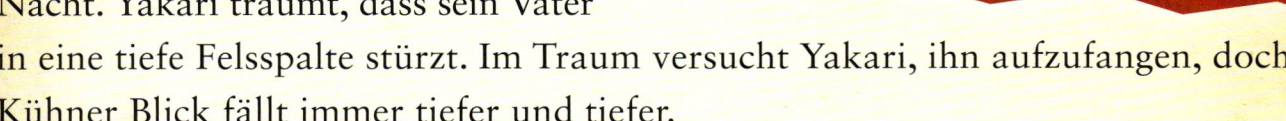

Enttäuscht geht der Indianerjunge schlafen. Doch es wird eine unruhige Nacht. Yakari träumt, dass sein Vater in eine tiefe Felsspalte stürzt. Im Traum versucht Yakari, ihn aufzufangen, doch Kühner Blick fällt immer tiefer und tiefer. „Vater?!", schreit Yakari entsetzt. „Vater! Nein!" In diesem Augenblick erwacht er aus dem Traum. Sein Herz rast und er springt auf. Draußen ist es schon hell. Die Jäger sind längst losgeritten.

So schnell er kann, rennt Yakari hinüber zur Pferdekoppel.

„Ich muss meinem Vater ins Land der wilden Klüfte folgen", sagt er zu Kleiner Donner. „Hilfst du mir bitte dabei?"

„Natürlich", antwortet sein treues Pony.

Sobald Yakari auf dessen Rücken sitzt, galoppiert Kleiner Donner los.

Unermüdlich jagen die beiden durch die Prärie. Endlich erreichen sie ein zerklüftetes Gebirge. Steile Felswände ragen vor ihnen auf.

Yakari schaudert. Das muss das Land der wilden Klüfte sein!

Bald entdeckt er die Spuren von drei Pferden. Die Hufabdrücke führen über schroffe Gipfel und durch enge Täler. Kleiner Donner balanciert vorsichtg über schmale Felsvorsprünge und Steinbrücken.

„Wir müssen unbedingt meinen Vater finden!", meint Yakari. „Vielleicht war mein Traum eine Warnung und er ist in Gefahr."

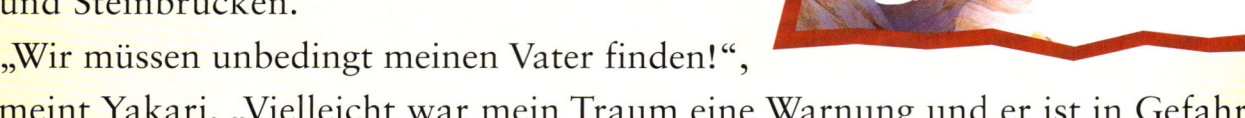

Bald teilen sich die Hufspuren in drei verschiedene Fährten.

„Ab hier haben sich die Jäger zum Auskundschaften getrennt", stellt Yakari fest. „Aber welche Spur stammt vom Pferd meines Vaters?"

Auf einmal beben die Felsen und der Boden gibt nach. Rundherum bröckeln die Steine, doch zum Glück ist das Erdbeben gleich wieder vorbei.

Yakari und Kleiner Donner atmen auf. Da hören sie ein leises Piepsen. Nanu, ist hier ein Tier in Not? Yakari springt vom Pferd und sucht die Felswand ab, von der die Geräusche kommen. Als er einige Steine wegschiebt, flattert eine kleine Fledermaus heraus.

„Danke, dass du mich befreit hast", sagt sie. „Mein Name ist Flügel der Nacht."

„Ich heiße Yakari und das hier ist Kleiner Donner", erklärt der Junge. „Wie bist du in den Felsspalt geraten?"

Flügel der Nacht berichtet: „Normalerweise ruhen wir Fledermäuse tagsüber, indem wir uns mit dem Kopf nach unten an einen Felsen hängen. Als die Erde gebebt hat, bin ich heruntergefallen und war plötzlich hinter den Steinen gefangen."

Die Fledermaus flattert suchend herum. „Meine Familie konnte fliehen, nur ich nicht", erzählt sie. „Ich muss sie unbedingt finden."

Yakari seufzt. „Ich suche auch jemanden, nämlich meinen Vater", entgegnet er. Flügel der Nacht ruft: „Vielleicht kann ich dir helfen! Hier waren vorhin erst einige Reiter."

„Weißt du vielleicht, in welche Richtung mein Vater geritten ist?", fragt Yakari aufgeregt. „Er hat ein wunderschönes weißes Pferd."

„Ja, ich habe gesehen, welchen Weg er genommen hat", antwortet die Fledermaus. „Weißt du was? Vorhin hast du mir geholfen und nun werde ich dir helfen, deinen Vater wiederzufinden."

Zu dritt folgen die Freunde der Spur von Stolzer Huf, dem Mustang von Yakaris Vater. Schließlich entdecken sie den Schimmel vor einer schroffen Felsspalte. Aber wo ist Kühner Blick? Tief in der Spalte sieht Yakari den Bogen seines Vaters.

Dahinter befindet sich eine schmale Öffnung.

Flügel der Nacht zwängt sich hindurch und sieht sich zwischen den Felsen um.

„Hinter den Steinen liegt eine riesige Höhle", berichtet die Fledermaus, als sie wieder zurückkehrt. „Ich prüfe, ob noch ein anderer Weg in die Höhle führt", bietet sie an und flattert davon.

Als plötzlich Yakaris Totemtier Großer Adler am Himmel erscheint, ist der Indianerjunge sehr froh.

„Gib nicht auf, Yakari!", spricht sein gefiederter Beschützer. „Folge dem Weg der Steinschnecken, sie werden dir die Richtung weisen!"

Da taucht Flügel der Nacht wieder auf.

„Dort drüben gibt es mehrere Öffnungen zwischen den Felsen", berichtet sie.

„Aber ich weiß nicht, welche die richtige ist."

Yakari folgt ihr zu den Felsspalten. Vor einem der Eingänge entdeckt er eine versteinerte Schnecke.

„Hier ist eine Steinschnecke", ruft er. „Das muss dann bestimmt der richtige Eingang sein!"

Kleiner Donner und Stolzer Huf warten draußen, während sich Yakari und Flügel der Nacht ins Dunkel der Höhle wagen.

Auch in der Höhle findet Yakari immer wieder steinerne Schnecken, die ihm zeigen, welcher Weg der richtige ist. Schließlich erreichen sie eine Stelle, an der sich mehrere Gänge gabeln.

„Bitte warte hier!", sagt Flügel der Nacht. „Ich muss erst prüfen, welchen Weg wir am besten nehmen." Schon fliegt sie davon.

Während Yakari auf die Fledermaus wartet, hört er ein feines Piepsen.

In einer Felsnische entdeckt Yakari die Familie der kleinen Fledermaus! Als Flügel der Nacht zurückkommt, ruft sie: „Ich habe deinen Vater gefunden! Er lebt!" Yakari atmet auf. „Ich habe auch eine Überraschung für dich." Als er der Fledermaus ihre Familie zeigt, ist sie überglücklich.

Yakari muss auch nicht mehr lange suchen. Tief in der Höhle trifft er auf Kühner Blick. Sein Bein ist zwischen den Felsen eingeklemmt. „Yakari!", staunt er. „Was machst du denn hier?" Der Indianerjunge berichtet von seinem Traum und dem Weg hierhin. Nun erzählt Kühner Blick: „Als die Erde zitterte, hat sich mein Mustang vor Schreck aufgebäumt. Dabei bin ich dann hier hineingestürzt."

Mit einem steinernen Stab stemmt Yakari den Felsen hoch, der den Fuß seines Vaters festhält. Zum Glück ist Kühner Blick nur leicht verletzt und kann mit Yakaris Hilfe zum Höhlenausgang humpeln. „Du hast nicht auf mich gehört, aber du hast deinem Gefühl vertraut", sagt Kühner Blick ernst. „Danke, Yakari!"

Am Höhleneingang warten schon Kleiner Donner und Stolzer Huf. Kleiner Donner wiehert. „Wir haben eine Bisonherde entdeckt", erzählt er. Yakaris Pony führt die Reiter zu einer großen Gruppe von Bisons. „Was für ein Glück!", seufzt Kühner Blick. „Nun ist unser Stamm gerettet!" Yakari blickt zum Himmel hinauf. Im Stillen dankt er Großer Adler und Flügel der Nacht. Wer weiß, wie dieses Abenteuer ohne seine Freunde ausgegangen wäre?!

HILFE FÜR DAS FLUGHÖRNCHEN

„Juhu, das macht Spaß!" Schnell wie der Wind galoppiert Kleiner Donner durch den Wald. Er liebt es, mit seinem Freund Yakari über Stock und Stein zu jagen. Auf dem Rücken des Ponys jauchzt Yakari vor Freude.

Aber was ist das? Die Waldlichtung vor ihnen ist mit vielen kleinen Löchern übersät.

„Pass auf, Kleiner Donner!", warnt Yakari.

„Hier haben früher einmal Präriehunde gelebt. Die Löcher führen zu ihren verlassenen Erdhöhlen."

Geschickt bahnt Kleiner Donner sich einen Weg zwischen den Löchern hindurch. Kurz darauf treffen die Freunde das Indianermädchen Regenbogen, das

im Wald nach Heilpflanzen sucht. Yakari springt von Kleiner Donners Rücken.

„Guten Tag, Yakari!", sagt Regenbogen. „Weißt du vielleicht, wo es hier in der Nähe Lebensklee gibt?"

Yakari nickt. „Das Heilkraut wächst drüben an der alten Eiche."

„Wer zuerst dort ist!", ruft Regenbogen. „Aber ohne die Erde zu berühren!" Die Freunde balancieren über Baumstämme und springen über Steine.

Sie klettern auf Bäume und hangeln sich an Ästen entlang. Nur auf den Boden dürfen sie nicht aufkommen.

Plötzlich taucht in der Luft über ihnen ein Flughörnchenmann auf, den Yakari schon lange kennt.

„Hallo Yakari!", grüßt das Flughörnchen. „Darf ich mitspielen?"

„Na klar", erwidert Yakari.

Schon segelt das Flughörnchen an den Freunden vorbei. „Da staunt ihr, was?", lacht es und dreht sich um. Das Flughörnchen merkt nicht, dass es genau auf einen Baum zusteuert. Oje! Es prallt mit voller Wucht gegen den Baumstamm und fällt zu Boden.

Kleiner Donner, Yakari und Regenbogen eilen zu ihm.

Das Flughörnchen öffnet die Augen. „Oh, meine Pfote tut so weh!", stöhnt es.

Yakari untersucht die verletzte Pfote. „Es ist nicht allzu schlimm", stellt er fest.

„Du hast dir nichts gebrochen, aber du wirst einige Zeit nicht auf Bäume klettern und auch nicht durch die Luft gleiten können."

Regenbogen pflückt etwas
Lebensklee und behandelt
die Pfote damit.
Dankbar lächelt das Flug-
hörnchen sie an.
Nach einer Weile zieht
Regenbogen weiter, um noch
andere Kräuter zu sammeln.
Yakari und Kleiner Donner
bleiben bei dem verletzten
Flughörnchen.

Auf einmal hebt Kleiner Donner den Kopf und schaut sich um. „Hier schleicht
jemand durchs Gebüsch", sagt er. „Das spüre ich."
In diesem Augenblick springt ein Puma aus dem Dickicht. Er hat es auf das
Flughörnchen abgesehen! Schon stürzt der Puma auf das
verletzte Tier zu.

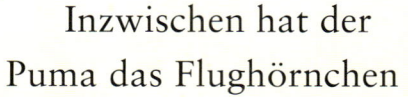

Das Flughörnchen rennt davon, so rasch es kann.
Doch der Puma kommt immer näher.
„Schnell hinterher!", ruft
Yakari und nimmt mit
Kleiner Donner die
Verfolgung auf.

Inzwischen hat der
Puma das Flughörnchen
fast erreicht. In letzter Sekunde kann es in einen
umgestürzten, hohlen Baumstamm kriechen.
Der Puma, der nicht durch die Öffnung passt, knurrt
zornig: „Ich warte, bis du wieder herauskommst."

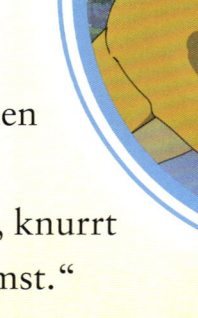

Das arme Flughörnchen fürchtet sich in dem hohlen Stamm. „Yakari, bitte hilf mir doch!"
Der Indianerjunge versucht, den Puma zu besänftigen, aber ohne Erfolg.
„Ich habe einen Riesenhunger", faucht das Raubtier. „Da kommt mir der Kleine hier gerade recht."
Yakari hat eine Idee. Leise sagt er zu Kleiner Donner: „Erinnerst du dich an die Löcher der Präriehunde? Die unterirdischen Gänge sind unbewohnt. Dort können wir den Puma gut in die Irre führen. Aber dafür brauchen wir Frau Flughörnchen."
Die Flughörnchenfrau macht sich große Sorgen, als sie erfährt, in welcher Lage sich ihr Mann befindet. Aufmerksam hört sie sich Yakaris Plan an.

Kurz darauf kehren Yakari und Kleiner Donner zu dem Baumstamm zurück, in dem der Flughörnchenmann festsitzt. Gemeinsam lenken sie den Puma ab, sodass er nicht merkt, wie auch Frau Flughörnchen in den Baumstamm schlüpft. Nun streckt die Flughörnchenfrau den Kopf aus dem Stamm.
„Hallo Puma!", ruft sie und hüpft aus dem Versteck. „Versuch mich zu fangen!"
Der Puma glaubt, dass es sich um das verletzte Männchen handelt. „Na warte, dich erwische ich!", faucht er und jagt ihr nach. Flink klettert die Flughörnchenfrau auf einen Baum. Der Puma bleibt ihr dicht auf den Fersen.
„Gut, dass sie durch die Luft gleiten kann", meint Yakari. „So kann sie sich rechtzeitig in Sicherheit bringen."

Leise spricht der kleine Sioux in den hohlen Stamm hinein: „Du kannst herauskommen, Flughörnchen! Deine Frau hat den Puma von hier weggelockt."
Vorsichtig wagt sich der verletzte Flughörnchenmann aus dem Versteck.
„Komm schnell mit!", sagt Yakari. Er führt das Flughörnchen zu der Lichtung mit den Löchern. Unterwegs erklärt Yakari seinem kleinen Freund rasch, was er vorhat …

Wenig später erreicht auch die Flughörnchenfrau die Waldlichtung. Der Puma verfolgt sie immer noch. Doch er ahnt nicht, dass sich das Männchen bereits in dem verlassenen Tierbau versteckt hat.
Schwups, verschwindet die Flughörnchenfrau in einem der Erdlöcher. In dem unterirdischen Gang, der alle Löcher miteinander verbindet, wartet ihr Mann. Gemeinsam halten die beiden den Puma zum Narren. Mal streckt das eine Flughörnchen den Kopf aus einem Loch, dann das andere. Der Puma hetzt hin und her und versucht, seine Beute zu schnappen, doch die kleinen Freunde sind einfach viel schneller.
„Das gibt's doch gar nicht!", stöhnt der Puma.
Yakari, der sich mit Kleiner Donner hinter einem Felsen versteckt hat, unterdrückt ein Lachen. „Er hat immer noch nicht gemerkt, dass es sich um zwei verschiedene Tiere handelt", flüstert er.

Hinter dem Rücken des Pumas springt die Flughörnchenfrau aus einem der Löcher und klettert geschickt auf einen Baum.
„Huhu, Puma!", zwitschert sie.
„Ich bin hier oben."

„Das darf nicht wahr sein", jammert der Puma. „Wie konntest du so schnell dort hochklettern?"

„Wir Flughörnchen sind eben flink und klug", antwortet Frau Flughörnchen. „Deshalb wirst du uns niemals fangen!"

Nun stürmt Kleiner Donner auf den Puma zu. Drohend bäumt er sich vor ihm auf und lässt seine Hufe durch die Luft wirbeln. „Verschwinde von hier!", ruft Kleiner Donner. „Sonst bekommst du es mit mir zu tun."

Der Puma ächzt: „Hier halten alle zusammen! Mir reicht's! Ich gehe zurück in mein Revier. Es war eine schlechte Idee, hierherzukommen." Eilig läuft er davon. Als er verschwunden ist, kommt Yakari aus seinem Versteck. „Wetten, dass wir den nie wiedersehen?", lacht er.

Der Flughörnchenmann sagt: „Vielen Dank für eure Hilfe, liebe Freunde! Meine Pfote schmerzt auch schon weniger. Bestimmt kann ich bald wieder auf Bäume klettern und durch die Luft gleiten."

„Dann pass in Zukunft bitte gut auf, wo du hinfliegst!", rät ihm seine Frau. Und das verspricht das Flughörnchen gerne!

EIN FREUND FÜR WIRBELWIND

Yakaris Freundin Regenbogen macht sich Sorgen. „Aus unseren Vorratstipis verschwindet ständig Essen", erzählt sie dem Indianerjungen. „Jeden Tag fehlt ein bisschen Fleisch. Glaubst du, dass sich da ein Tier bedient?"

„Das kann gut sein", nickt Yakari. „Oje – wenn die Jäger das merken, werden sie zu Pfeil und Bogen greifen! Es ist besser, wenn wir den Übeltäter vorher erwischen. Überlass das ruhig mir, Regenbogen! Kleiner Donner und ich werden die Vorräte bewachen, bis der Dieb auftaucht."

„Danke, Yakari!", sagt das Indianermädchen. „Ich wusste, dass du mir hilfst." Kleiner Donner hat mitgehört. „Worauf warten wir noch?", meint er. „Komm, wir verstecken uns in der Nähe der Vorratstipis!"

Bald verbergen sich Yakari und Kleiner Donner hinter einigen Holzbündeln. Von hier aus können sie die Tipis mit den Vorräten gut beobachten. Immer wieder kommen Stammesmitglieder vorbei. Doch alle lassen die Tipis links liegen und gehen ihrer Wege.

Nach einer Weile taucht erneut jemand in der Nähe der Vorratstipis auf. Es ist der Indianerjunge Wirbelwind. Mit klopfendem Herzen beobachten Yakari und Kleiner Donner, wie er leise in das Tipi mit den Fleischvorräten schlüpft.

Wenige Augenblicke später kommt Wirbelwind wieder heraus und läuft mit einem kleinen Beutel davon.
„Er scheint wirklich etwas mitgenommen zu haben", stellt Yakari fest.
„Aber warum? Komm, Kleiner Donner – das finden wir heraus!"
Er schwingt sich auf den Rücken seines Ponys und die Freunde folgen Wirbelwind in den Wald.

Dabei halten sie so viel Abstand, dass der Junge sie nicht bemerkt.

Auf einer Lichtung bleibt Wirbelwind stehen und stößt laute Lockrufe aus. Schon raschelt es im Laub und ein Fuchs kommt aus seinem Versteck. Freudig trabt er auf Wirbelwind zu.
Der Indianerjunge strahlt übers ganze Gesicht. „Schön, dass du gekommen bist, Weißschwanz!", freut er sich. „Sieh nur, ich habe dir was mitgebracht!"
Er holt etwas Fleisch aus dem Beutel und gibt es dem hungrigen kleinen Fuchs zu fressen.
Yakari seufzt. „Na also", sagt er.
„Rätsel gelöst!"
Der Fuchs, der Yakaris Stimme gehört hat, erschrickt und läuft blitzschnell in sein Versteck zurück.

„Hallo Wirbelwind!", sagt Yakari und tritt mit Kleiner Donner auf die Lichtung. „Weshalb fütterst du einen Fuchs mit unseren Vorräten?"

Wirbelwind schlägt die Augen nieder. „Ich habe mir schon immer gewünscht, mit einem Tier Freundschaft zu schließen", antwortet er. „Du hast ja Kleiner Donner als Freund und Regenbogen hat Großer Grauer." Der Junge schluckt.

Yakari lächelt ihn an. „Es ist wunderbar, mit einem Tier befreundet zu sein", meint er. „Aber eine Freundschaft mit einem Wildtier kann schnell gefährlich werden. Erzähl schon, wie hast du Weißschwanz kennengelernt?"

Wirbelwind holt tief Luft. „Vor ein paar Tagen saß ich hier im Wald und habe meinen Proviant gegessen", berichtet er. „Da tauchte der Fuchs auf und kam näher. Ich habe ihm mein Fleisch gegeben und seitdem treffen wir uns jeden Tag hier."

Yakari nickt. „Ich verstehe gut, dass du ihn in dein Herz geschlossen hast. Aber wenn du Weißschwanz immer wieder fütterst, wird er seinen Jagdinstinkt verlieren."

„Das stimmt nicht!", ruft Wirbelwind. „Du bist ja nur neidisch, weil der Fuchs mein Freund ist." Er lässt Yakari einfach stehen und rennt zum Dorf zurück.

Yakari seufzt. Wie kann er Wirbelwind nur davon überzeugen, dass die Freundschaft zu einem Menschen dem Fuchs nicht guttut?

In der nächsten Nacht schreckt Yakari plötzlich aus dem Schlaf hoch. Seltsame Geräusche haben ihn geweckt. Sind das Tierlaute?

Yakari streckt den Kopf aus dem Tipi. Oje, da steht der Fuchs aus dem Wald vor Wirbelwinds Tipi!

Gähnend kommt Wirbelwind heraus. „Was machst du denn hier, Weißschwanz?", flüstert er. „Hast du Hunger und bist meiner Spur gefolgt?"

Laut bellend springt der Fuchs um seinen zwei-beinigen Freund herum.

„Pssst, nicht so laut!", raunt Wirbelwind. „Du weckst ja alle auf."

Da ertönt auch schon die Stimme des Jägers Stolze Wolke. „Was ist das denn für ein Krach?", ruft er.

Yakari überlegt blitzschnell. Stolze Wolke wird jeden Moment hier sein. Wie sollen sie ihn davon abhalten, den Fuchs mit Pfeil und Bogen zu jagen? Kurz entschlossen springt Yakari auf den Fuchs zu.

„Verschwinde!", ruft er laut und wedelt mit den

Armen, um das Tier zu verscheuchen. „Weg hier! Aber schnell!"

Der Fuchs, der Yakari nicht kennt, läuft erschrocken davon.

Einen Augenblick später taucht Stolze Wolke auf. „War das ein Fuchs?", fragt er. „Hat er euch auch aufgeweckt?"

„Ja, leider", antwortet Yakari schnell. „Aber wir konnten ihn schon verscheuchen."

Der Jäger nickt zufrieden. „Dann lasst uns wieder schlafen gehen!" Nach diesen Worten verschwindet er wieder.

„Danke, Yakari!", sagt Wirbelwind leise. „Du hast Weißschwanz gerettet."

„Das hab ich gern getan", versichert Yakari. „Aber er hat sich zu sehr an dein Futter gewöhnt. Deshalb hat er sich heute Nacht in Gefahr begeben."

Wirbelwind senkt den Blick. „Du hast ja recht", murmelt er. „Ich werde morgen in den Wald gehen und mich von ihm verabschieden."

Als Yakari am nächsten Morgen aufsteht, ist Wirbelwind schon losgezogen.
„Guten Morgen, Yakari", ruft Regenbogen. „Stell dir vor, es ist schon wieder
Fleisch verschwunden!"
„Oh nein!", stöhnt Yakari. „Aber keine Sorge – das hört jetzt bald auf!"
Schnell wie der Wind reitet Yakari auf Kleiner Donner in den Wald.
„Sicher hat Wirbelwind das Fleisch als Abschiedsgeschenk für den Fuchs mitge-
nommen", meint er unterwegs.

Bald erreichen sie die Lichtung, auf der
Wirbelwind gerade den Fuchs begrüßt.
Da schleicht auf einmal ein riesiger Luchs
heran. Als er das Fleisch im Beutel wittert,
faucht er und seine Augen blitzen gefähr-
lich auf. Kleiner Donner und Yakari
bleiben am Rand der Lichtung stehen.
Plötzlich geht alles ganz schnell.
Mit einem gewaltigen Satz springt der
Luchs auf Wirbelwind zu. Fast gleichzeitig reißt Weißschwanz dem Indianerjungen
den Beutel aus der Hand und rennt davon. Sofort jagt der Luchs ihm nach.
Yakari und Kleiner Donner kommen aus ihrem Versteck.
„Bring dich in Sicherheit und warte hier auf uns, Wirbelwind!", ruft Yakari dem
Jungen zu. „Wir passen auf, dass Weißschwanz nichts geschieht!"

Kleiner Donner schießt los. Er und Yakari
bleiben dem Fuchs und dem Luchs dicht auf
den Fersen, um notfalls helfen zu können.
Armer Weißschwanz! Seine Flanken beben
und er sieht sich gehetzt um. Der Luchs,
der viel größer ist, schließt immer näher zu
dem Fuchs auf.

Yakari erklärt dem Fuchs: „Der Luchs will an den Beutel mit dem Fleisch. Schnell, wirf ihn mir zu, dann wird er dich in Ruhe lassen!"
Weißschwanz schleudert den Beutel zu Yakari hinüber. Der fängt ihn auf.
Sofort galoppiert Kleiner Donner weiter. Es dauert nicht lange, bis er den Luchs abgehängt hat.

„Danke, dass ihr den Luchs von mir weggelockt habt!", sagt Weißschwanz, als sie zu ihm zurückkehren.
„Gern geschehen", meint Yakari. „Leider sind deine Instinkte schwach geworden, weil unser Freund dich immer wieder gefüttert hat."
Der Fuchs lässt den Kopf hängen. „Ich werde den Indianerjungen nie mehr um Futter anbetteln", verspricht er. „Aber er wird mir fehlen."
Das verstehen Yakari und Kleiner Donner, dennoch gibt es keine andere Lösung.

Nachdem Wirbelwind sich von dem Fuchs verabschiedet hat, trägt Kleiner Donner die beiden Jungen ins Indianerdorf zurück.
Dort bringt Wirbelwind das Fleisch zu Regenbogen und entschuldigt sich, dass er es genommen hat.
Yakari, der inzwischen bei der Pferdeweide war, kommt mit einer Überraschung zurück.
„Sieh nur, Wirbelwind!", sagt er. „Dieses Fohlen sucht einen Freund."
Glücklich schließt Wirbelwind das rotbraune Fohlen in die Arme. „Ich werde gut für dich sorgen", verspricht er dem Pferdekind. „Aber Weißschwanz werde ich trotzdem nie vergessen!"

YAKARI UND FREIES PFERD

Yakari ist gerade aufgewacht, als die aufgeregte Stimme des Jägers Kühner Rabe durch das Indianerdorf hallt.

„Kommt schnell her!", ruft er. „Seht nur, was passiert ist!"

Zusammen mit den anderen Stammesmitgliedern eilt Yakari zur Pferdekoppel.

Dort traut er seinen Augen kaum: Kein einziges Pferd ist mehr da!

Alle reden aufgeregt durcheinander.

Der Hund Knickohr läuft auf die Weide, schnuppert herum und bellt plötzlich laut.

„Ich glaube, Knickohr hat eine Spur gefunden",
sagt Kühner Blick und eilt zu dem Hund hinüber.

Bellend blickt Knickohr auf einen Zaunpfosten,
in dem ein weißer Pfeil steckt.

Mit ernstem Gesicht zieht Kühner Blick ihn
heraus. „Es gibt keinen Zweifel", meint er.

„Freies Pferd hat sein Zeichen hinterlassen."

„Freies Pferd?", fragt Yakari. „Wer ist das?"

Der Medizinmann Der-der-alles-weiß erklärt: „Freies Pferd ist ein böser Dämon, der mit den Winden zieht und den Menschen ihre Pferde wegnimmt."

„Aber ohne unsere Mustangs sind wir verloren!", meint Kühner Rabe.

„Wie sollen wir ohne sie auf Bisonjagd gehen oder den langen Weg zu unserem Winterquartier zurücklegen?"

„Lasst uns den Hufspuren folgen!", schlägt Kühner Blick vor. „Aber macht euch auf einen weiten Weg gefasst. Wir brauchen reichlich Proviant und Waffen."

Mit gemischten Gefühlen beobachtet Yakari, wie die Männer alles zusammenpacken.

Knickohr streicht um Yakaris Beine. „Hast du Angst um Kleiner Donner?", fragt er.

Yakari nickt. „Ja, ich mache mir große Sorgen."

Während er Knickohr streichelt, hat er eine Idee. „Was hältst du davon, wenn wir die Männer bei der Suche begleiten?", will Yakari wissen.

„Vielleicht kann deine feine Spürnase uns helfen, die Pferde zu finden!"

Knickohr bellt zustimmend.

Kurz darauf brechen Yakari und Knickohr mit den Männern auf. Zu Fuß folgen sie den Spuren der Pferde.

Die Hufabdrücke führen über Ebenen und durch Wälder. Oft läuft Knickohr voraus und zeigt Yakari und den Männern, wo die Fährte weitergeht.
Doch dann enden die Hufabdrücke an einem Flussufer. Sosehr die Stammesmitglieder auch suchen, sie finden keine Spuren mehr.

„Am besten teilen wir uns in zwei Gruppen auf", schlägt Kühner Blick vor. „Ein Teil von uns geht flussaufwärts und der andere flussabwärts."
Er wendet sich an Yakari. „Du kehrst bitte ins Dorf zurück", sagt Kühner Blick mit strenger Miene zu seinem Sohn. „Der Weg ist zu lang für ein Kind."
Enttäuscht schaut Yakari den Männern nach, die mit Knickohr weiterziehen. Als sie verschwunden sind, hört Yakari Hufgetrappel. Kleiner Donner galoppiert auf ihn zu!
„Kleiner Donner!", ruft der Junge glücklich. „Erzähl schon, was ist passiert?"
„Ein fremder Reiter hat die Mustangs weggeführt", berichtet Kleiner Donner. „Sie sind ihm ganz friedlich gefolgt."
„Freies Pferd", meint Yakari nachdenklich. „Und was war mit dir, Kleiner Donner?"
Das Pony legt seinen Kopf in Yakaris Hand. „Ich bin ihnen gefolgt, weil ich sehen wollte, wohin sie laufen. Dann bin ich umgekehrt, um dir Bescheid zu geben."
„Danke!" Yakari krault sein Pony. „Zeigst du mir, wo die Pferde sind?"

„Na klar!" Kleiner Donner scharrt eifrig mit den Hufen. Er hat sich die Strecke genau gemerkt. Das Pony trägt Yakari in eine felsige Gegend mit hohen Steilwänden. Schließlich kommen sie durch einen schmalen Durchgang. Auf der anderen Seite liegt eine grasbewachsene Hochebene.

Yakari schnappt nach Luft. Auf der Ebene grasen friedlich die Pferde seines Stammes! „Hey, du dort unten!", hallt da auf einmal eine Stimme über die Ebene. Als Yakari sich umsieht, entdeckt er am Rand der Hochebene ein Mädchen auf einem weißen Pferd mit dunklen Tupfen.

Yakari reitet auf das Mädchen zu. „Bist du Freies Pferd?", fragt er. „Ich heiße Yakari."

„Ja, man nennt mich Freies Pferd", erwidert das Mädchen. „Aber du verdienst den Mustang nicht, auf dem du sitzt! Die armen Pferde werden von den Menschen doch nur gequält und misshandelt."

Da ist Yakari anderer Meinung.

„Unser Stamm achtet die Mustangs und sorgt gut für sie", erklärt er.

Freies Pferd lacht höhnisch. „Das musst du mir beweisen", fordert sie.

Yakari gleitet von Kleiner Donner.

„Bitte lauf eine Runde und komm dann wieder zu mir!", flüstert er ihm ins Ohr. Kleiner Donner nickt und galoppiert gleich los. Nach einer Runde steuert er wieder auf Yakari zu, bleibt vor ihm stehen und schnaubt vertrauensvoll.

„Dein Pony scheint dich sehr zu mögen", stellt Freies Pferd fest. Yakari nickt. „Erzählst du mir deine Geschichte, Freies Pferd?", bittet er. Das Mädchen springt vom Pferd. „Ich komme aus einem fernen Land", berichtet Freies Pferd. „Das Leben dort ist hart und die Menschen stehlen oft Pferde und behandeln sie schlecht." Sie seufzt. „Früher hatte ich einen Mustang, der schön und schnell war wie dein Pony. Doch dann wurde er mir gestohlen und ich sah ihn nie wieder." Freies Pferd ballt die Hände zu Fäusten. „Damals habe ich mir geschworen, die Menschen zu bestrafen, indem ich ihre Pferde befreie."

Yakari fragt leise: „Und deshalb nennt man dich Freies Pferd?"

Sie nickt. „Weil es den Menschen nicht gelingt, mich zu fangen oder meine Gründe zu verstehen, behaupten sie einfach, ich wäre ein böser Geist, ein Dämon …"

Sie blickt Yakari an. „Du bist anders, etwas ganz Besonderes", sagt Freies Pferd. „Wenn dir die Pferde deines Stammes aus freiem Willen folgen, darfst du sie wieder mitnehmen."

Damit ist Yakari einverstanden. Langsam geht er durch die Herde und spricht zu jedem Pferd. Dann schwingt er sich auf Kleiner Donner und reitet los.

Die Pferde seines Stammes heben den Kopf. Eines nach dem anderen folgt Yakari, bis schließlich die ganze Herde frei hinter Kleiner Donner herläuft. Yakari fällt ein Stein vom Herzen. Sein Stamm ist gerettet!

„Leb wohl, Yakari!", ruft Freies Pferd – und Yakari winkt zum Abschied.

Kurz darauf trifft er auf seinen Vater und
die anderen Männer, die mit Knickohr
bis an den Rand der Felslandschaft
gewandert sind.

„Wo kommst du denn her, Yakari?",
ruft Kühner Blick entgeistert.
Als er die frei laufenden Pferde
hinter seinem Sohn sieht, breitet sich
auf seinem Gesicht ein Lächeln aus.
„Ich bin stolz auf dich, Yakari", erklärt
Kühner Blick. „Und auf Kleiner Donner!"
Gut gelaunt machen sich alle auf den
Rückweg ins Indianerdorf. Unterwegs denkt
Yakari voller Dankbarkeit daran, was für
wunderbare vierbeinige Freunde er doch hat! Und er nimmt sich fest vor, auch
weiterhin alle Tiere respektvoll zu behandeln – so, wie sie es verdient haben.

DER FLIEGENDE BÄR

„Aus dem Weg, hier komme ich!" Das Bärenjunge Honigtau sitzt hoch oben in einer Baumkrone und breitet die Arme aus.

Yakari ruft erschrocken: „Nein, Honigtau! Bitte spring nicht!"

Doch zu spät! Schon lässt sich der kleine Bär vom Baum fallen.

Yakari versucht, ihn aufzufangen. Gemeinsam kugeln die beiden über die Wiese.

„Alles in Ordnung?", fragt Kleiner Donner besorgt.

„Mir geht's gut", versichert Yakari und rappelt sich auf.

„Und mir erst!", strahlt Honigtau. „Ich bin geflogen!"

„Du bist wie ein Stein vom Baum gefallen", erklärt Kleiner Donner.

Doch Honigtau hört gar nicht zu. Sehnsüchtig blickt er zu den Vögeln am Himmel hinauf.

„Ach, könnte ich doch nur fliegen wie sie!"

Yakari sagt: „Aber Honigtau! Bären sind nun mal nicht zum Fliegen geschaffen."

„Ich schon!", erwidert Honigtau trotzig und läuft davon.

Auf dem Rückweg hat Yakari eine Idee. Er sammelt einige Stöcke auf. Im Indianer-dorf bindet er sie zusammen und spannt eine Tierhaut darüber. Die Sonne geht schon unter, als er fertig ist. Yakari hat für Honigtau ein wunderschönes Fluggerät gebaut! „Das ist wirklich eine tolle Überraschung", staunt Kleiner Donner. „Binde doch noch eine Liane daran, damit der Wind das Ding nicht davonträgt."
„Gute Idee!", findet Yakari und gähnt. „Aber jetzt gehen wir erst einmal schlafen."

Am nächsten Tag lassen die Freunde das Fluggerät auf einem hohen Felsen in die Luft steigen.
„Darf ich auch mal, Yakari?", bittet Honigtau aufgeregt.
Der Indianerjunge reicht ihm das Ende der Liane. „Ich habe das Gerät für dich gebaut", sagt er. „Es gehört dir."
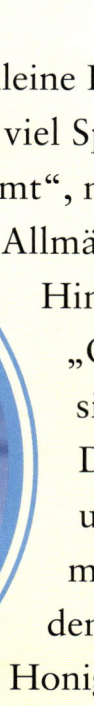
„Oh, danke!" Stolz hält der kleine Bär die Liane fest.
„Hoffentlich hat er damit so viel Spaß, dass er keine Flugversuche mehr unter-nimmt", meint Kleiner Donner.

Allmählich wird der Wind immer stärker und der Himmel verdunkelt sich.
„Oje!", seufzt Yakari. „Ich fürchte, da braut sich ein Gewitter zusammen."
Da packt plötzlich ein Windstoß das Fluggerät und reißt es nach oben. Der kleine Bär wird mitgeschleift! Immer weiter schlittert er über den Felsen. Yakari rennt hinterher, aber er kann Honigtau nicht einholen.
„Du musst loslassen, Honigtau!", ruft Yakari verzweifelt.

Doch der kleine Bär umklammert die Liane mit aller Kraft. Da trägt das Fluggerät ihn plötzlich in die Höhe!

„Ich fliege!", staunt der kleine Bär.

„Halt dich gut fest, Honigtau!", ruft Yakari hinter ihm her. „Bestimmt legt sich

der Wind bald und du kannst wieder landen." Während das Bärenjunge davonschwebt, stöhnt Yakari: „Das ist alles meine Schuld! Hätte ich ihm das Ding bloß nicht geschenkt!"

„Du hast es ja nur gut gemeint", sagt Kleiner Donner. „Und nun komm, wir dürfen ihn nicht aus den Augen verlieren!"

„Du hast recht", erwidert Yakari. „Schnell hinterher!"

Mit Yakari auf dem Rücken folgt Kleiner Donner dem Bärenkind. Während Honigtau vom Wind über Berge und Täler getragen wird, zucken am Himmel grelle Blitze auf und der Donner lässt die Felsen erzittern.

Honigtau baumelt hilflos an der Liane und wird mal nach links und mal nach rechts geschleudert. Plötzlich gefällt ihm das Fliegen gar nicht mehr und er bekommt es mit der Angst zu tun.

„Hilfe!", schreit er. „Ich will hier runter! Hilfe!"

Gut, dass Kleiner Donner und Yakari ganz in seiner Nähe sind!

„Halte durch, Honigtau!", ruft Yakari zu ihm hinauf. „Du darfst nicht loslassen!"

Endlich legt sich der Wind und der Himmel wird heller. Aber wo steckt Honigtau? Er klammert sich an einen hohen Felsen und hat das Fluggerät fallen gelassen.

„Bitte holt mich hier runter!", jammert Honigtau.

„Wir helfen dir", versichert Yakari. Aber wie? Eine tiefe Felsspalte liegt zwischen ihnen und dem kleinen Bären! Suchend schaut sich Yakari um. Sein Blick fällt auf das Fluggerät, genauer gesagt auf die Liane daran, und er hat eine Idee.

Eilig nimmt der Junge die Liane und bindet sie an einem Baumstumpf fest. Am anderen Ende der Liane knüpft er eine Schlinge, die er wie ein Lasso über einen Felsen neben Honigtau wirft. Yakaris Plan geht auf. Die Liane ist nun straff zwischen dem Baumstumpf und der Felsspitze gespannt. Aber wird es dem Jungen gelingen, an der Liane hochzuklettern? Stück für Stück hangelt sich Yakari nach oben. Bald kommt er bei Honigtau an.

„Klettere auf meinen Rücken und halte dich fest!", fordert er ihn auf.

Das Bärenjunge springt auf Yakaris Rücken und schon sausen die beiden an der Liane nach unten.

„Danke, Yakari!", ruft Honigtau, als er wieder festen Boden unter den Füßen hat.

Der Indianerjunge sagt mit ernster Miene: „Es tut mir sehr leid, dass mein Fluggerät dich mitgerissen hat. Ich hätte es dir nicht schenken dürfen."

„Ach was!", entgegnet Honigtau. „Jetzt weiß ich endlich, wie sich die Vögel in der Luft fühlen." Leise fügt er hinzu: „Aber ich hatte auch ganz schön Angst. Ich werde nie wieder Vogel spielen, das verspreche ich euch."

Yakari und Kleiner Donner wechseln erleichterte Blicke. Sie sind sehr froh, dass alles gut ausgegangen ist und dass Honigtau nun genug vom Fliegen hat!

YAKARI
FANS, AUFGEPASST!

Yakari:
Meine Geschichten-Sammlung

ISBN 978-3-86318-554-1

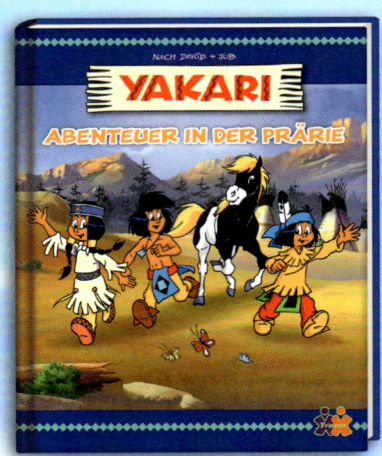

Yakari:
Abenteuer in der Prärie

ISBN 978-3-86318-472-8

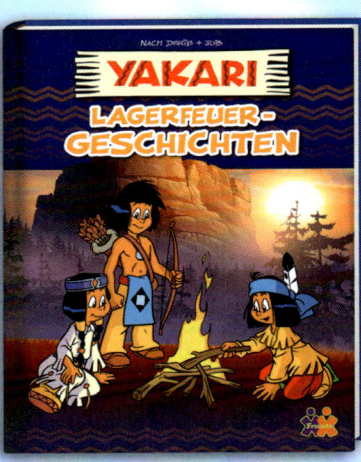

Yakari:
Lagerfeuer-Geschichten

ISBN 978-3-86318-539-8

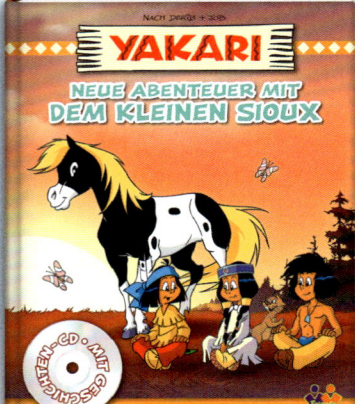

Yakari:
Neue Abenteuer mit dem kleinen Sioux

ISBN 978-3-86318-497-1

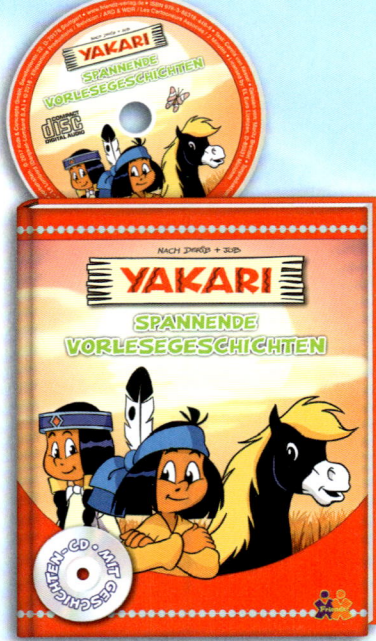

Yakari:
Spannende Vorlesegeschichten

ISBN 978-3-86318-446-9

Das dickste
Yakari-Malbuch
aller Zeiten!

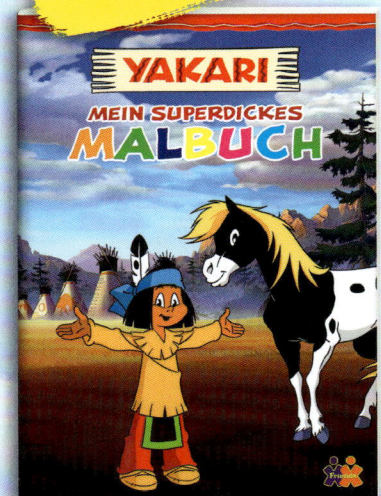

Yakari:
Mein superdickes Malbuch

ISBN 978-3-86318-456-8

Soundbuch
mit 6 Geräuschen

Yakari:
Ausflug mit Kleiner Donner

ISBN 978-3-86318-469-8

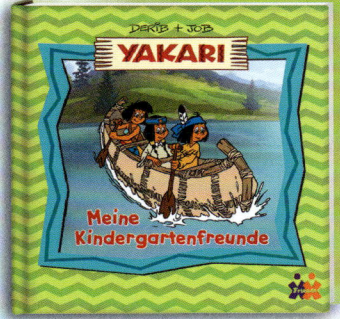

Yakari:
Meine Kindergartenfreunde

GTIN 4260324690394

UNTER

WWW.FRIENDZ-VERLAG.DE

FINDET IHR WEITERE SPANNENDE BÜCHER MIT YAKARI UND SEINEN FREUNDEN!